C.

LA NIÈCE DE MÉLANIE

Tragi-Bouffonnerie,

Mêlée de Prose, de Vers, de Couplets et Vignettes,

EN UN PROLOGUE,

CINQ ACTES ET CINQ ÉPILOGUES.

Prix : 50 centimes.

PARIS,

CHEZ TOUS LES LIBRAIRES.

1847.

LA NIÈCE DE MÉLANIE

Tragi-Bouffonnerie,

Mêlée de Prose, de Vers, de Couplets et de Vignettes,

EN UN PROLOGUE,

CINQ ACTES ET CINQ ÉPILOGUES.

PARIS,

CHEZ TOUS LES LIBRAIRES.

—

1847.

LA NIÈCE DE MÉLANIE.

Tragi-bouffonnerie, mêlée de prose, de vers et de couplets, en cinq actes, un prologue et cinq épilogues.

PROLOGUE.

—

LA MUSE, LE POÈTE.

SCÈNE I. — LE POÈTE, *seul.*

O Muse de Mermet, d'Augier et de Ponsard !
Muse qu'appelle aussi Latour de Saint-Ybard,
Viens, Muse du bon sens, aujourd'hui je t'invoque ;
Tu peux venir chez moi sans rencontrer l'*Epoque* ;
Ni Gautier, ni Vakri n'offusqueront tes yeux,
Tu ne verras partout que livres ennuyeux,

L'Homme de Bien, le Roi David et Virginie,
Ces trois derniers essais des hommes de génie,
Qui fièrement par toi se disent inspirés,
D'une école naissante enfans dégénérés !
Parais.

LA MUSE (*pâle, et pouvant à peine se traîner.*)

Que me veux-tu ? Pour Rome et pour la Grèce,
N'ai-je pas fait assez ? La *Ciguë* et *Lucrèce*,
Produites en deux ans, de ma fécondité
Ne sont-elles donc pas la preuve ?

LE POÈTE.

En vérité,
O ma muse, je crois, toi que l'on dit classique,
Que tu prends dans tes vers l'allure romantique !
C'est par distration, sans doute ?

LA MUSE.

Oh ! que non pas,
La liberté des vers a pour moi des appas.
Je veux que désormais les gens de mon école
En usent à loisir ; mon prochain protocole
Leur permettra parfois de traiter lestement
Les lois de la césure et de l'enjambement.
Pour la rime, je veux faire aussi quelque chose,
Elargir son domaine, et, qu'en vers comme en prose,

On s'occupe fort peu de parler en français.
De plus, pour que chacun trouve un facile accès
Au théâtre et partout, je permets qu'on imite

Les poètes en renom, les auteurs sans mérite,
Tous enfin à la fois, Hugo comme Bayard,

Dumanoir et Corneille, Racine et Saint-Ybard ;
Qu'on prenne au grand Molière aussi bien qu'à
[Clairville,

Et que la tragédie emprunte au vaudeville...

LE POÈTE.

Quel éclectisme !

LA MUSE.

Eh bien ! pour un peuple bourgeois,

Enfant, ne vois-tu pas qu'il faut un art bourgeois !
L'éclectisme, en effet, voilà ma loi nouvelle,
La poétique ultrà-constitutionnelle.

LE POÈTE.

Il ne faut pas de moi plus longtemps te moquer,
Muse railleuse, ici, je viens de t'invoquer
Pour avoir un conseil. Je veux chanter la nièce
De Mélanie.

LA MUSE.

En vers?

LE POÈTE.

Dans une pièce ?
Que Bocage lui-même à l'Odéon jouera.

LA MUSE (*elle salue*).

Bocage !

LE POÈTE.

Tout Paris y sera.

Il me faut un succès, un succès littéraire,
Plus complet que celui de Galoppe d'Onquaire ;
Je veux plaire aux journaux, à Janin, à Gautier,
A Rolle, à Sainte-Beuve, et même au grand papier,
Qui décrie aussitôt que Victor dit : Va-crie.

LA MUSE.

Invente alors pour lui quelque burgraverie.
Quant aux autres, il faut, pour les bien contenter,
Flatter leurs passions, va-t-en les visiter ;
Sois classique avec l'un, romantique avec l'autre,
Avec Janin, surtout, fais bien le bon apôtre.
Parle-lui de Virgile et des poètes latins ;
Prends auprès de Gautier quelques airs libertins,

Sois austère avec Rolle, et dis lui que la nièce
Sera plus chaste encore que ne le fut Lucrèce.
Pour le style et les vers, qu'ils paraissent profonds.
Ça suffit ; des mots creux, si tu n'es pas en fonds,

Pour ton public, aussi, fais de longues tirades,
Flatte l'étudiant, lance quelques bravades
Contre ces gueux d'Anglais ; traite-les de païens.
On réussit toujours par ces petits moyens.
Quant à la forme, ami, qu'elle soit élastique,
Classique pour les uns, pour d'autres, romantique.
Pour satisfaire enfin tes critiques divers,
Fais-leur des vers en prose et de la prose en vers!
(*A part.*) Sur l'air du tra la la, sur l'air du tra la la.

(*La Muse, enchantée d'avoir mis dedans un pauvre poète, sort en lui faisant, avec les doigts, un geste fort significatif.*)

LA NIÈCE DE MÉLANIE.

PERSONNAGES.

Fifi Guguste, directeur de théâtre; Vuillaume, agent matrimonial; Saindoux, adjoint au maire du 13ᵉ arrondissement; Robert l'escamoteur; la nièce de Mélanie, seconde jeune première; Gritte, inutilité.

ACTE I.

(Le théâtre représente une chambre composée de rideaux et de portières.)

SCÈNE I.

LA NIÈCE , GRITTE.

GRITTE, *chantant.*

Il était deux amans.....

LA NIÈCE, *l'interrompant.* — Oh! ma chère Gritte, si tu savais comme je m'amuse ici,

GRITTE. — Vous êtes bien heureuse !

LA NIÈCE. — Et comment ne le serais-je pas? L'amour de mon Fifi n'a pas diminué d'un centigramme depuis que le maire du 13ᵉ a béni notre union. Pourtant j'ai cinquante-cinq ans bien sonnés, et lui, mon Guguste, en a à peine cinquante. Et puis, toi, ne t'ai-je pas toujours à côté de moi? Tu m'endors doucement avec tes chansonnettes stupides, et, quand je dors, je pense à lui. Je suis sûre que je te parle de lui pendant mon sommeil; hein! n'est-ce pas que je te parle de lui?

GRITTE. — Non, vous ronflez.

LA NIÈCE. — Je ronfle à lui. Tu ne sais pas, ma bonne Gritte, tu devrais tâcher de faire un homme toi aussi; nous ferions des parties carrées, et puis tu me raconterais vos fredaines, quand nous serions seules, ça me rajeunirait encore.

GRITTE, *à part.* — Plus souvent que je t'en parlerai, de mon homme! (*Haut.*) Non, merci, vous êtes trop bonne!

LA NIÈCE. — Oh! j'entends venir mon Fifi! fichenous un peu le camp; j'ai à dialoguer avec lui.

(*Gritte sort.*)

SCÈNE II.

FIFI *entrant*, LA NIÈCE.

FIFI, *chantant.*

La nièce constante
Viendra sous ma tente
Recevoir ma foi.

LA NIÈCE. — Qu'est-ce que c'est que ces airs
guerriers?

FIFI, *chantant :* Air de la Normandie.

Oui, ma très-chère bonne amie,
Ton Fifi prend des airs guerriers,
Parc' qu'il s'en va-t-en Normandie,
Pays du cidre et des pommiers ;
Quand la nature est reverdie,
Puis-je rester dans mon palais ?
Mieux vaut chipper la Normandie }
A ces damnés brigands d'Anglais. } (*Bis.*)

LA NIÈCE. — Que t'ont-ils donc fait?

FIFI. — Ma chère, ils me tourmentent, mes gredins d'Anglais. Mais qu'entends-je?

SCÈNE III.

LES MÊMES, VUILLAUME.

VUILLAUME. — Pardon, seigneur, si je vous dérange. On vient d'arrêter des étudians qui se sont permis de rosser vos saltimbanques. Faut-il les mettre entre les mains de la police?

FIFI. — Pourquoi donc? Ils ont très-bien fait, ces jeunes disciples de Thémis et d'Esculape. Par saint Charlemagne, c'est leur état de rosser le monde.

AIR *des Bohémiens de Paris.*

Flanquer des taloches,
De son père croquer le bien,
Voilà les bamboches
De l'étudiant parisien
Voilà les bam,
Voilà les boches,
De l'étudiant parisien!

VUILLAUME. — Qué faut-il en faire?

FIFI. — Pour toute punition, qu'on leur donne leurs entrées à mon théâtre, et qu'on les mette en liberté.

Que ces étudians aillent à la Chaumière,
Pour y danser l'cancan et la Robert-Macaire,
      Toujours,
      Toujours,
  La nuit comme le jour.
  Youp piou piou tra la la la, etc.

              (Vuillaume sort.)

SCÈNE IV.

FIFI, LA NIÈCE.

LA NIÈCE. — Que vous êtes généreux, mon Fifi !

FIFI. — Ça me portera bonheur contre mes gredins d'Anglais. — Ah ! chère étoile de mon ciel, j'ai voulu te prier, avant de partir, d'attacher toi-même ma casquette.

LA NIÈCE. — Oui, mon doux bien aimé ; mais

pourquoi, dis-moi, n'as-tu pas mis un bonnet de coton dessous? tu aurais eu plus chaud aux oreilles. Et puis, dis-moi encore, as-tu bien regardé s'il n'y a pas de trous à tes chaussettes, si ton gilet de flanelle n'est pas percé, si ta chemise ne laisse pas pénétrer l'air jusqu'à ta vieille poitrine adorée? Tes caleçons.....

FIFI.

Ah ! laisse de côté ces détails de ménage,
Et ne songe plus qu'à me souhaiter bon voyage.

LA NIÈCE.

Mon chéri, mon bibi, mon nini, mon Fifi,
J'aurais tant de chagrin de te voir deconfit !
Mais dis-moi donc un peu contre quelle canaille
Tu vas lever ainsi ton bâton de bataille.

FIFI (*chantant*).

Contre ce scélérat, ce polisson de Jean,
Qui m'a pris mon terrain à la foire de Rouen.
Je veux le débiner jusques en Angleterre,
Afin qu'il soit bientôt tout à fait Jean sans terre.
Sur l'air du tra la la la,

Sur l'air du tra la la la,
Sur l'air du tra deri dera.

Adieu, ange ! chante-moi le chant du départ.

LA NIÈCE.

Fifi s'en va-t-en guerre...
Miron...

FIFI (*interrompant*).

Quel est ce bruit ?

(*On entend l'air de la complainte de la Machine infernale*).

SCÈNE V.

LES MÊMES, VUILLAUME, SAINDOUX.

FIFI.

Pourquoi donc entrez-vous sans vous faire annoncer ?

SAINDOUX (*chantant et montrant son écharpe*).

Trop insolent saltimbanque,
Tu vois devant toi, ci-joint,
Sans mascarade et sans banque,
Un très-vénérable adjoint
Que l'on connaît crânement.

Au treizième arrondissement,
Je viens de la part du maire,
Et de son conseil aussi,
Dire à ta femme adultère
Qu'il faut déguerpir d'ici.
Regarde mon ornement,
Tu verras bien si je mens.

LA NIÈCE (*l'interrompant*).

Est-ce moi, mon Fifi, qu'on appelle adultère ?
Renvoyez ce grigou, ce vieux plus qu'adulte-erre.

SAINDOUX (*continuant sa complainte*).

Tais-toi, femme criminelle,
Si j'suis venu pedibus,
C'est qu'à la ville éternelle
Il n'y a pas d'omnibus.
Et je suis venu nu-pieds
Parce que j'n'avais pas d'souliers.

FIFI.

Quoi donc ! un va-nu-pied dans mon palais m'outrage !
Que veux-tu, grand vaurien, qui cause ainsi ta rage ?

SAINDOUX,

Il te faut renvoyer ta concubine Agnès.

LA NIÈCE. — L'imbécile, qui nous récite du

Ponsard ! Donnons-lui-en aussi. (*A part.*)
Sa concubine !

FIFI.

Et moi, si je m'en abstegnès.

SAINDOUX. — A la bonne heure, la rime est plus riche comme ça. — Mais il ne s'agit pas de faire des rimes et de dire des bêtises. Veux-tu renvoyer cette chipie ? rime à part.

FIFI. — Et la raison ? Le maire du treizième a autorisé notre mariage,

SAINDOUX. — Comment ! ignorant, c'est ainsi que tu sais l'histoire de ta commune ! Ah ça, mais tu ne lis donc pas les papiers ? Je m'en vais t'en donner une leçon (d'histoire). Apprends donc que le maire d'alors, maire premier, était un vieux capon, qui avait peur de toi. Son successeur, le deuxième du nom...

LA NIÈCE. — Ah ! pouah !

SAINDOUX. — Son successeur, lui, a résolu de t'embêter un peu, et il te fait dire que si tu ne fiches pas à la porte cette mijaurée, il prononcera contre toi le dédit. Encore une chose que tu ne connais pas, le dédit, âne que tu es. Je vais t'apprendre ce que c'est : c'est la perte de ton théâtre, de ta femme, de toi même. En vain appelleras-tu les Francs à ton secours ; là où il t'en faudrait cinquante mille, tu n'en trouveras pas cinq à ton service.

> Tu mourras en lion, ainsi que tu vécus,
> Mais tu ne pourras pas dormir sur tes écus.

Ainsi donc, en avant le finale de la *Favorite*.
—Allez la musique.

> Oui, de m'sieur l'maire la clémence est lassée,
> Que Jézabel à la port'soit fichée.

Saindoux ricane avec accompagnement de trom-

bone, Fifi lui montre le poing, La Nièce a en-
vie de s'évanouir, mais comme personne ne se
sent assez fort pour la soutenir, elle prend le
parti d'aller s'assoir. — Le rideau baisse. —
L'auteur ému pleure à chaudes larmes et déclare
que Corneille n'a jamais rien fait de si beau !

1er ÉPILOGUE.

LA MUSE *(accourant et essuyant avec sa robe les larmes du poète).*

Bien ! on t'a reproché de n'être pas lyrique ;
A ce reproche, ami, tu réponds sans réplique,
En copiant franchement l'opéra de Royer,
De toi je suis content. Allons, viens au foyer.

Au foyer, la Muse interroge Janin, qui répond en bâillant : Rolle dit que c'est un peu Burgrave, mais que du moment que ça se dit classique, ça doit être très-beau. Albert Aubert se mouche en manière d'assentiment. Gautier trouve que, comme *Virginie*, ça manque de gaîté.

M. Scribe ne dit rien et en pense encore moins.

Etienne Arago assure que Mlle Duchesnois même, dans sa jeunesse, n'a jamais été si laide que la nièce. Vakri crie pour qu'on le ramène à Antigone.

ACTE II.

SCÈNE 1.

ROBERT l'escamoteur, VUILLAUME.

ROBERT, *entrant.*

(Récitatif de *Robert-le-Diable.*)

C'est moi Robert de Normandie,
De ma vill' d'Alençon j'arrive en ce palais
Pour offrir à Fifi ma vie
Mon bâton et mes gobelets.

VUILLAUME.

Est-il sot ce Robert?

ROBERT.

Le calembour y est
Très-bien, sauce-Robert.

ROBERT.—Mais parlons en vile prose ; que si-
gnifie cette apostrophe indécente, vieux faiseur
de noces ?

VUILLAUME. — Tu ne sais donc pas que cet
abominable maire du treizième arrondissement
a prononcé le dédit contre le patron, et que maintenant nous n'avons pas un franc à notre dispo-
sition.

ROBERT. — Ah ! bah !

VUILLAUME. — Les papiers ont dû en parler !
Mais qui sait ce qu'ils auront dit ? Fifi est un hon-
nête homme, lui, ce n'est pas un cabotin, lui,
il ne s'occupe pas de ce que disent les journaux,
qui ne l'aiment pas, parce qu'il est un homme
politique.

ROBERT. — Je te demanderais bien de m'apprendre ce que c'est que le dédit, car il est na-
turel que je n'en sache pas plus long à ce sujet

que Fifi ; mais comme ça a été dit au premier acte, tu embêterais la compagnie. L'auteur a déjà eu assez de répétitions comme ça ; quoiqu'on ne puisse pas dire tout de même qu'il a répété sans relâche, car il en a eu pas mal de *relâches* pour les répétitions.

VUILLAUME. — Est-il sot, ce Robert.

ROBERT. — Je ne t'avais pas crié bis.

SCÈNE II.

LES MÊMES, FIFI.

FIFI, *chantant tristement, sur l'air* : Au clair de la lune :

> Mon ami Vuillaume,
> Je n'ai plus un franc,
> Et dessous mon heaume
> Mon cœur est souffrant.
> On embêt' ma dame ;
> Pour l'amour de Dieu,
> Ouvre-moi ton âme,
> Que j'm'y jette un peu.

Ah! c'est vous, mon pauvre Robert, vous êtes aussi mal venu que *Robert Bruce*. Vous savez....

ROBERT.—Hélas! oui; aussi je viens vous offrir mon secours, parce que je sais bien que vous ne pouvez pas vous en servir.

FIFI. — Je reconnais bien là votre générosité. Mais vous voyez, il ne me reste plus qu'un ami, Vuillaume, voilà toute ma troupe; il tient à lui seul tous les emplois: il me fait la barbe, cire mes bottes, prépare ma cuisine et se charge aussi de plaider mes procès. Ah! il m'est d'une grande utilité.

RORERT. — Oh! son rôle est trop beau, je ne veux pas diminuer son mérite en le partageant. Ainsi je n'ai plus qu'à m'escamoter moi même, comme pourrait le faire mon co-Robert Houdin, mais moi je vous promets que je ne reviendrai plus.

FIFI.—A la bonne heure, brave homme, baise-moi la main et que ça soit fini.

ROBERT *sort en chantant :*

Je vais revoir ma Normandie.

SCÈNE III.

FIFI, VUILLAUME.

FIFI.—Eh bien! mon pauvre Vuillaume, nous sommes dans de beaux draps. Ce mariage contracté sous tes auspices, moyennant une commission de trois francs cinquante centimes que tu as touchés en bonne monnaie ayant cours, ce mariage ne m'a pas porté bonheur. Que faire maintenant? Je m'embête énormément, cependant je ne veux pas céder à ce Saindoux! S'il y avait moyen de lui graisser la patte?

VUILLAUME.—Y songez-vous? Il vaudrait mieux tout bonnement vous priver de la nièce.

FIFI.—Canaille que tu es, oses-tu bien me donner un semblable conseil, va-t'en, je te renie.

VUILLAUME. — Je m'en vais, puisque vous me congédiez. Mais vous vous en mordrez bientôt les doigts, allez.

Car vous ne trouverez, j'en suis sûr, nulle part
Un plus fidèle ami que cet ami qui part.

Ami d'autant plus fidèle qu'il part dès le premier mot de travers que vous lui dites. Tâchez d'en trouver seulement un pareil, maintenant surtout que personne ne veut plus vous parler ; je vous en défie bien, puisque vous n'avez que moi.

FIFI.—Allons, reste, bavard, car je vois bien que tu serais tout de même capable de t'en aller ; et je ne suis pas assez Raoul-Rochette pour renvoyer le meilleur de mes amis, au moment où je n'en ai qu'un, lui seul. Ah ! si j'en avais d'autres, mais... je n'en ai pas d'autres.

VUILLAUME.

Monseigneur...

FIFI.

Mais, du moins, écoute moi. Je veux,
Pour me justifier, que nous *causions* tous deux.

Oui, causons comme une paire d'amis, dussé-je *t'embocager* un peu. Les choses que j'ai à te dire vont te paraître très-étonnantes. D'abord j'aime la nièce de Mélanie, Vuillaume ; tu ne t'en

étais pas encore douté, toi, vieux fricoteur de mariages, mais enfin c'est comme ça ; et puis, quand
bien même je ne l'aimerais pas, je devrais encore
la défendre ; tu sais mon vieux refrain :

> Rester à la gloire fidèle,
> Des dames chérir les attraits,
> Voilà, voilà ce qui s'appelle
> Agir en chevalier français.

Or, je suis chevalier, tu es chevalier, nous
sommes tous un peu chevaliers, dans notre in-
dustrie !

VUILLAUME. — Oui. Mais n'avez-vous pas dit
vous même autrefois que le grand Bilboquet avait
eu le tort d'être trop chevalier ?

FIFI. — Maintenant le directeur parle (si je ne
te réponds pas, tu comprends pourquoi ; c'est
que je n'ai rien à te dire). — Que j'aie tort ou
raison, qu'est-ce que cela fait, était-ce un motif
pour me condamner au dédit, ainsi que toute
ma troupe ? Ce maire du treizième arrondissement me paraît un peu trop fort de rhum ; parce

qu'il n'a pas grand pouvoir sur ses administrés, il veut s'en venger sur moi. Avoue que c'est une infâme canaille. Si nous le laissions faire, il nous ferait bientôt être anglais...

VUILLAUME. — Etrangler.

FIFI. — Vieil animal, va! je te parle de choses majeures, et tu viens me ficher un calembour au milieu de la conversation. Je ne sais plus où j'en étais. N'importe; restons Français. (*Il chante*).

Le vrai Français est fidèle à sa dame,
A son honneur ainsi qu'à son pays.

D'ailleurs, si ce maire veut ainsi régenter ma direction, j'aime mieux donner ma démission, et je serai plus directeur, quand j'aurai cessé de l'être, que si je continuais à l'être... suffit, tu me comprends?

VUILLAUME. — Pas trop.

FIFI. — Il n'importe. Je m'en vais parce qu'il faut que je laisse à la nièce le temps de te faire à son tour ses petites confidences.

(*Il sort en chantant :*)

Plutôt l'amour que l'esclavage.

SCÈNE IV.

VUILLAUME, LA NIÈCE.

VUILLAUME (*à part*). —Bon, à l'autre à présent. Joli rôle qu'ils me font jouer-là, autant être confident de l'ancienne tragédie ; si j'avais su, je serais bien parti.

LA NIÈCE. — Eh bien ! que dit Fifi ? Je le vois à chaque instant du jour et de la nuit, maintenant qu'il n'a rien à faire ; mais c'est égal, je veux toujours savoir ce qu'il dit.

VUILLAUME. — Il dit qu'il s'amuse comme un éléphant dans un œuf à la coque ; mais aussi c'est bien votre faute. Si vous étiez ma fille, allez, je trouverais bien le moyen de vous faire filer. Pourquoi ne faites-vous pas comme votre sœur aînée *Lucrèce* ? elle filait toujours, elle, et vous vous ne filez pas assez.

LA NIÈCE. —Ah ! Vuillaume, tu me fends ce qui me sert de cœur. Est-ce que Fifi espère que je filerai ?

VUILLAUME. — Non, *mais je lui en ai donné le conseil.*

LA NIÈCE (*levant le poing sur lui*), — Ah! vieux chien; (*se radoucissant*) mais pourquoi filer à son insu? qu'est-ce qu'il dirait? il aurait une jolie opinion de moi. Et puis qu'est-ce que ça me fait à moi tout ce que tu dis? — Est-ce ma faute si Fifi m'a fait venir d'Allemagne pour remplacer sa première dont il avait assez; c'est pas moi qui suis venue le chercher. Je me fiche bien de votre direction; ôtez-moi la, ça m'est bien égal, mais laissez-moi mon Guguste, c'est tout ce que je veux diriger.

(*Chantant*)

> Malgré tout ce qu'on peut dire
> Vous le voyez bien, beau sire,
> Non je ne filerai pas,
> Non je ne filerai pas.

Le rideau baisse, pendant que la nièce fait à Vuillaume un geste des plus expressifs.

2° EPILOGUE.

LA MUSE, LE POÈTE.

LA MUSE,

Poëte ce n'est pas mal, dans toutes tes tirades,
Des auteurs ennuyeux imitant les parades,
Je t'ai vu tour à tour parodier Hugo,
Racine, Meyerbeer, la chanson de Pierrot.
N'allons pas au foyer, cette fois ; dans les loges,
Viens plutôt recueillir de complaisans éloges.

Dans les loges, la Muse visite M. et Mme de Girardin qui promettent monts et merveilles, pourvu qu'on s'engage à applaudir *Cléopâtre*. — M. Molé prédit que l'auteur sera ministre un jour et triomphera de la politique des Anglais. M. de Balzac prétend que l'auteur n'a pas suffisamment étudié la *Comédie humaine*. — M. Léon Gozlan assure que Fifi aurait beaucoup mieux fait, puisqu'il avait la main droite engagée, d'épouser la nièce de la main gauche. C'est égal, dit-il,

c'est une pièce commode, on peut l'écouter les
mains dans ses poches. (*La Muse et le poète font*
la grimace.)

ACTE III.

SCÈNE I.

FIFI, LA NIÈCE.

LA NIÈCE. — O mon Fifi bien-aimé, beau pacha de mon cœur, tu t'es montré bien généreux et bien tendre pour moi. Un autre, à ta place, m'aurait joliment envoyée au diable. J'aurais pu te dire ça bien des fois depuis trois mois que tu passes ta vie à enfiler des perles à mes pieds ; mais il faut, pour préparer la situation, que je ne t'en parle qu'aujourd'hui. N'est-ce pas, mon vieux petit Guguste, que vous l'aimez bien votre petite vieille niè-nièce ?

FIFI. — Si je t'aime, chef d'emploi de mon âme, étoile de ma vie, couronne de ma tête grisonnante, collier de mon cou ridé, si je t'aime ! Veux-tu que je t'en donne une preuve ? Tu connais mes opinions politiques, tu sais qu'il ne dépendrait que de moi de devenir premier consul si je voulais enfoncer cet abominable maire dans le troisième dessous. Eh bien ! pour être sûr de te conserver, j'ai mieux aimé renoncer à tout , même aux triomphes que me préparait mon parti ; j'ai promis à ce gredin d'aller donner une représentation en son honneur, s'il consentait à lever le dédit ; bien plus, je me suis engagé à donner des billets pour cette représentation à ses conseillers, s'ils veulent appuyer mon appel. J'ai chargé cette canaille d'adjoint de la commission ; il doit me rapporter la réponse.

LA NIÈCE. — Fifi, j'ai peur que ta banque ne réussisse pas ; si tu leur avais promis des billets d'une autre banque, ah !

FIFI. — Non, non ! as pas peur, as pas peur, et répète avec moi :

Espérance
Confiance,
C'est le refrain
Du cabotin.
} *bis.*

SCÈNE II.

LES MÊMES, SAINDOUX.

SAINDOUX, *faisant un geste à Fifi.* — Pst, pst, écoutez un peu ici.

FIFI. — Ah! vous voilà ; eh bien ! vous y avez mis le temps à votre voyage. Vous n'aviez donc pas de quoi prendre l'omnibus.

SAINDOUX, *bas à Fifi.* — Dites à votre femme de nous ficher un peu la paix. J'ai à dialoguer pas mal avec vous.

FIFI, *à la nièce.* — Ma bonne amie, fais-moi le plaisir de décamper.

LA NIÈCE. — Oh! je comprends ce que ça veut dire. Nous sommes fichus.

FIFI.— Allons donc, un peu plus vite que ça. — Je ne te défends pas d'écouter à la porte.

LA NIÈCE. — Il ne manquerait plus que ça.

SCÈNE III.

FIFI, SAINDOUX.

FIFI. — Eh bien ! de quoi qu'il retourne ?

SAINDOUX. — Du neuf de pique, mauvaise nouvelle.

FIFI. — Ah ça ! votre maire est donc un vrai rien du tout. — Et qu'est-ce qu'il dit pour ses raisons ?

SAINDOUX. — Il dit comme ça qu'il se moque pas mal de vos représentations, et il m'a chargé, si vous n'avez pas fait disparaître la nièce demain, de vous destituer.

FIFI. — C'est comme ça ; eh bien ! il peut être tranquille, votre maire, je vas aller lui fracasser les côtes, moi. — Vous, d'abord, vous allez commencer par déguerpir. Allons, fourth, fourth, comme on dit en Allemagne.

SAINDOUX.—Pauvre garçon, tu auras beau faire, tu seras enfoncé, va ; moi, je veux bien sortir, mais ce n'est que pour laisser à la nièce, qui nous a écouté derrière la porte, le temps de venir faire sa petite complainte. — Quant à toi, mon ami, tu m'as entendu ; maintenant :

(Il chante.)

Tire-t-en, tire-t-en, tire-t-en comme
Tire-t-en comme tu pourras.

(Ils sortent tous deux.)

SCÈNE IV.

LA NIÈCE, PUIS VUILLAUME.

LA NIÈCE *(montrant le poing à Saindoux qui sort)*.—Ah ! chenapan ! ah ! animal ! ah ! gibier de potence ! ah ! vaurien ! ah ! boucher de mon bonheur ! ah ! f... *(Apercevant Vuillaume.)* C'est pas à vous, Vuillaume, que je dis ça ! vous, vous êtes

un brave homme, quoique..... Mais, enfin, il faut
bien que je les suive, vos conseils. Je vais me
sacrifier, oui, Vuillaume ; mais c'est à mon Fifi
que je me sacrifie. — Ah ! pourquoi qu'il n'est
pas bête comme moi, lui. Je connais une île dé-
serte habitée par un peuple sauvage. Nous irions
tous les deux y fonder une colonie et y créer une
population ; mais il ne saurait pas, lui, oublier sa
troupe et ses amis ! Allons, il n'y a pas moyen d'y
penser. Je m'en irai seule...

VUILLAUME. — Je vous accompagnerai. Et puis
je reviendrai me faire rosser par Fifi.

LA NIÈGE. — Croyez-vous qu'il ne me suivra
pas ?

VUILLAUME. — Ah ! vieille rouée, je comprends
votre truc.

LA NIÈCE.

Vuillaume, je voudrais qu'il ne m'attrapât pas,
Mais que pour m'attrapper il tentât quelques pas.

VUILLAUME.—Quels vers harmonieux !—Je m'en
vas faire vos malles.

SCÈNE V.

LA NIÈCE.

Adieu, adieu palais où j'ai tant nocé, adieu toiles peintes témoins de nos mamours ! adieu fauteuils, chaises, tabourets, casseroles, brosses à dents, qui avez vu nos follichonneries, et qui entendiez nos hurlemens de rage ! Si je vous chantais une petite chanson : Adieu, adieu, à la grâce de Dieu ! — Ma foi, non ; j'aime mieux me faire Anglaise ; Fifi bisquera plus, et je pourrai chanter du matin au soir :

Oh ! qu'il était gentil
Le Fifi,
Qu'il était gentil
Le Fifi
Que je avais perdiou.

Adieu, bonsoir, portez-vous bien, Fifi, et moi aussi. *(Elle sort.)*

3ᵉ ÉPILOGUE.

LA MUSE AU POÈTE.

Poète, tu pouvais bien montrer dans cette pièce
Madame Gringrelburge en lutte avec la nièce.
Un autre l'aurait fait dans ta situation ;
Mais tu dédaignes, toi, le drame et l'action.
C'est très-bien ! De cet acte, ami, je suis contente.
Au risque de porter la nièce chez ta tante,
Ne songe qu'au succès qui mène au Panthéon.
Ce n'est pas pour l'argent qu'on rime à l'Odéon.

Le poète et la Muse ont été visiter dans sa loge M. de Salvandy, qui promet à l'auteur une chaire de beau langage ; puis ils s'en vont chez M. Duchâtel : celui-ci s'engage à l'employer dans le bureau de l'esprit. — Le poète est vivement surpris. M. Hippolyte Lucas ne l'est pas moins.

ACTE IV.

SCÈNE I.

FIFI, LA NIÈCE.

FIFI.—Eh ben ! la belle, je trouve la chose assez chocnosophe ! Je dis un tas d'infâmies à **M.** l'adjoint et à madame son écharpe, et v'là comme vous me filez entre les doigts ; allez, p'tite nièce, c'est pas bien tout d'même ! ma première aurait pas fait ça, elle.

LA NIÈCE.—A la bonne heure, fichez-moi des sottises ; vengez-vous, sapristi, vous me ferez

plaisir; mais ne m'empêchez pas de vous remer-
cier ! car vous m'avez sauvée. Si j'étais une femme tragique, je vous ferais ici la description des
taloches que j'ai reçues, des bleus qu'on m'a fait
sur le nez, et de tout ce que vous avez donné
pour mon compte, mais je ne suis pas si pon-
sarde, et je ne crois pas avoir besoin de vous ra-
conter ce que vous avez vu ; et puis ne vaut-il
pas mieux que je vous demande pardon ? (*Elle
chante*).

(Air : *Grâce*, de *Robert-le-Diable*.)

Fifi, Fifi, toi que j'aime
Et qui reçus mes vœux.
Tu vois mon nez bleu
Tu vois mon nez bleu,
Grâce pour toi-même
Et grâce pour nous deux.

FIFI, *l'interrompant*. — C'est bon, c'est bon,
c'est bon! Pas tant de chansons. Parbleu! tu as
bien fait de t'en aller ; est-ce que je peux te for-
cer de crever de faim avec moi, à cause de cet

imbécile de maire ? Va-t'en, va, et tâche de ne
pas te faire calotter par les autres, cette fois.

LA NIÈCE.—Mais je t'aime ; il faut bien que je
finisse par te le dire, je t'aime, tu ne le savais
peut-être pas, quoique je n'aie fait que le répéter
depuis le commencement, je t'aime d'un amour...
comment dire ? tiens, d'un amour absolu, ma foi,
tant pis, le grand mot est lâché ! Le maire peut
fermer ta barraque depuis le parterre jusqu'au
paradis, mais il ne peut pas fermer mon cœur,
où toutes les stalles sont marquées pour toi. C'é-
tait pour te raccommoder avec les autorités que
je filais. Ainsi tu vois !

FIFI.—Fichu canaille que j'étais ! c'est moi qui
te demande pardon, à présent. Je me flanquerais
volontiers de grands coups de poing sur le nez.

LA NIÈCE. — Oh ! non, ne détériore pas ton
physique, et laisse moi repartir.

FIFI.—Tu ne partiras pas.

LA NIÈCE.—Je partirai.

FIFI.—Non!

LA NIÈCE.—Si!

FIFI. — J'aimerais mieux perdre ma direction.

LA NIÈCE.—Imbécile!

FIFI.—D'abord, si tu t'en vas, je te suis.

LA NIÈCE. —Eh bien! laisse-moi couler deux mots dans l'oreille de l'adjoint.

FIFI. — Ça va!..... mais, pas de bêtises, au moins. (Fifi sort).

SCÈNE II.

LA NIÈCE, SAINDOUX.

SAINDOUX. — Vous voilà encore ici, vous! Vous faites de la jolie besogne; vous ne savez donc pas que je vais destituer votre Fifi?

LA NIÈCE. — C'est pas vrai! Hein, mon petit Saindoux!

SAINDOUX (*A part*). — Est-ce qu'elle voudrait m'enjoler. *(haut).* Ma petite poule, voyez-vous, il valait mieux vous en aller plus tôt.

LA NIÈCE. — Eh! pourquoi ne m'a-t-on pas laissé filer à la fin du troisième acte?

SAINDOUX. — Ah! ça, il me semble que ce n'est pas moi qui vous ai retenue; il fallait partir sans tambour ni trompette. — Mais vous savez bien pour quel motif on vous a fait rester!

LA NIÈCE. — Bah!... et lequel?

SAINDOUX. — C'est que la pièce n'aurait eu que trois actes et qu'un fichu dénoûment.

LA NIÈCE. — Mais maintenant, mon cher petit Saindoux, vous pouvez me permettre de garder mon Fi fi.

SAINDOUX. — Non, oh! non!

LA NIÈCE. — Si vous saviez comme je vous aimerai; je serai si gentille avec vous; je vous embrasserai sur les deux joues, et puis...

SAINDOUX (ému et à part).—Sapristi! sapristi! est-ce que je vas me laisser pincer? (haut). Non, non, ne me faites pas des yeux comme ça, ce serait inutile; ça ne dépend pas de moi, d'abord, je ne suis que l'adjoint du maire.

LA NIÈCE. — Eh bien! allons le trouver, je saurai bien l'amadouer ! je lui dirai un tas de choses qui le mettront de bonne humeur ; je suis sûre de mon affaire quand il me verra de près. — Et puis aussi je lui promettrai de me faire novice, plus tard, quand mon Fi fi ne voudra plus de moi.

VUILLAUME (*qui vient d'entrer*). — Vous lui direz aussi que moi, Vuillaume, courtier de mariages, je m'oblige à faire faire trois noces par jour à sa mairie, et que, s'il l'exige, je ferai vœu de vivre et de mourir garde-champêtre à son service.

SAINDOUX. — Ta, ta, ta, ta, voilà bien des histoires ! C'est pas moi qu'on fait poser comme ça, mes petits loups. — Il n'y a pas de milieu, à cette heure ; si demain la nièce n'a pas plié bagage, bonsoir la compagnie, Fi fi sera destitué.

LA NIÈCE. — Ah ! c'est comme ça , vieux drôle, sacripant, filou ! (Récitatif de *Guillaume-Tell*.)

Ah ! puisses-tu , barbare, à ton heure dernière,
  Trouver Dieu sourd à ton remords

Comme tu l'es à ma prière.
Maire, l'unique objet de mon ressentiment,
Maire à qui veut Saindoux immoler mon amant,
Maire plein de rancune, ô maire que j'abhorre !
Puisse-tu perdre un jour l'écharpe tricolore,
Voir ton état civil en cendres converti,
Et ta femme adultère, et ton fils perverti,
Et ta maison en feu ; ton dernier secrétaire,
Grillé vif avec toi, comme toi maudit, maire !

Quant à moi, je sais ce qui me reste à faire ;

je pourrais bien me poignarder, mais je ne suis

pas si Lucrèce, j'aime mieux me périr autre-
ment.—Par le charbon?—Non, j'ai mieux que ça.
Elle chante sur l'air : *On va lui percer le flanc*.

Je vais prendre l'arsenic,
Ou bien un feuilleton d'Old-Nick.

SAINDOUX. — Pauvre femme !

4e EPILOGUE.

LA MUSE AU POÈTE.

Poète, c'est bien cela. Par Corneille et par Jouy,
Tu vois, dans ce moment, ton public ébloui ;
Profites-en, mon cher ; passe à ton cinquième acte.
Sans qu'on puisse au foyer causer pendant l'entr'acte.

Mais l'entr'acte est si long que la Muse et le poète ont le temps de se promener ; il rencontrent Old-Nick qui trouve la pièce admirable : c'est un chef-d'œuvre, sauf la rime d'arsenic, qui ne lui paraît pas assez riche.

ACTE V.

(Une barraque de la foire de Saint-Cloud.)

SCENE I.

FIFI, TOUS LES ARTISTES DE LA TROUPE, VUILLAUME.

FIFI, *assis sur un tremplin.* — Merci, mes artistes, je vous connais tous, mais ça me fait tout de même plaisir de vous voir. C'est un contentement que je n'ai pas souvent de voir de bons acteurs à côté de moi. Enfin vous êtes mes hommes, vous. Vous savez si je vous paie bien, si je vous témoigne de l'amitié en temps et lieu; toi, Géronte, qui m'as sauvé un jour d'une pomme non cuite, et toi, Damis, pour qui j'ai reçu une botte de foin lancée du paradis. D'après cela, mes bons amis, vous devez tenir à avoir un directeur fort, et qui ne dépende que de vous. Eh bien ! l'on veut me destituer ; nous vous demandons votre avis, y comprenez-vous quelque chose ?

TOUS LES CABOTINS. — Fifi, Fifi !

FIFI. — Silence, bêtats, attendez donc que j'aie fini ma tirade. Moi, je veux vous faire faire des tournées en Normandie, et peut-être vous emmener en Angleterre. Si vous en trouvez un parmi vous capable d'en faire autant, prenez-le, je vais lui donner mon brevet et ma baguette de parade, *la gaîté.* — Eh bien ! l'on veut me destituer.

TOUS LES CABOTINS. — Non ! non ! vive Fifi !

FIFI. — Et la nièce !
(*Bruit de peuple qui murmure.*)

FIFI. — Pour être mon homme, il faut être aussi celui de ma femme. Ainsi, voyez si vous voulez encore de moi.

SCENE II.

LES MÊMES, SAINDOUX (*entrant*).

Tu n'es plus directeur, de par monsieur le maire,
Descends de ton tremplin, où siége l'adultère.
(Aux acteurs.)

Je dégomme Fifi ; cabotins mal payés,
De vos engagemens vous êtes déliés.

FIFI.

Choisissez de nous deux qui votre cœur préfère.

SAINDOUX.

Choisissez d'un bigame ou de monsieur le maire.

FIFI.

Songez, songez, amis, à vos engagemens.

SAINDOUX.

Songez, drôles, plutôt à mes commandemens.

FIFI.

Bref, prenez un parti. Ce n'est pas mon affaire
D'échanger des propos contre un tel adversaire.

CHOEUR DES CABOTINS.

Entre les deux mon cœur balance,
Monsieur Fifi n'est pas en chance,
Et puis l'écharpe de l'adjoint
Vraiment ne me rassure point.

SCÈNE III.

LES MÊMES, LA NIÈCE.

CHOEUR DES CABOTINS. — Voici la nièce !

FIFI. — Viens, ma poule !

SAINDOUX. — Fifi est destitué.

LA NIÈCE. — Adieu, Fifi, adieu, mes chers camarades, adieu, monsieur Saindoux, je ne vous en veux pas ; adieu aussi vous, mes petits qui n'êtes pas là, adieu, adieu !

FIFI. — Qu'est-ce que ça veut dire ?

LA NIÈCE. — Ça veut dire que je l'ai supplié de

nous faire grâce, ce vieux chien ; je me suis mise à ses genoux, et, comme il me résistait, je me suis empoisonnée.

FIFI. — Et de quoi ?

LA NIÈCE, *chantant.*

Avec un plat de champignon
Qui croissait dans votre parterre,

Avec un plat de champignon
Des banquettes de l'Odéon.

FIFI. — Ah ! fichtre ! alors, c'est bien fini.

(La nièce tombe.)

FIFI, à Saindoux. — Est-elle bien morte ?

SAINDOUX. — Oui !

FIFI. — Alors, je veux bien reprendre ma première.

(Il chante.)

Venez vous-en, gens de la noce,
Venez vous-en danser chez nous ;
Vous vous donnerez une bosse
Et vous n'en sortirez que sous ;
Et puis après, gens de la noce,
Vous reviendrez chacun chez vous.

5ᵉ ÉPILOGUE.

LA MUSE AU POÈTE.

Poëte, voilà assez de vers comme ça ; je n'ai que deux mots à te dire, je te les dirai en vile prose : Ton orgueil t'a égaré, mon garçon, et moi je me suis faite la complice de ton orgueil pour te prouver que tu avais tort de dédaigner les gens qui m'ont courtisé dix ans avant d'obtenir mes faveurs. Du premier bond, en cinq actes, tu étais arrivé au faîte de la gloire, au moins tu le croyais ; en cinq autres pas, tu es descendu plus bas que tu n'étais auparavant. C'est moi qui t'ai inspiré

l'idée de choisir le mauvais théâtre, les mauvais
acteurs que tu as pris à ton service; tu as pensé
qu'il suffisait de toi, de ton nom, de ta jeune
gloire, trop vite grandie et malade de sa crois-
sance, pour faire traverser l'eau à tout Paris. Vois
cette élite de la littérature, des beaux-arts, de
l'aristocratie, qui sort du théâtre; sauf quelques
niais, aucun de tous ces gens-là n'a plus de foi
en toi; ils s'étaient servi de ton nom pour abattre
l'orgueil des forts; mais, faible que tu es, tu n'as
pu consentir à rester dans ton rôle. A ton tour
tu as été orgueilleux ! Ah ! que n'as-tu fait comme
tant d'autres, que n'en es-tu resté à ton premier
coup de dé. Tu avais eu une bonne chance et ga-
gné le gros lot dès la première partie, il fallait
vivre sur ce succès. De même que l'auteur des
Templiers, tu serais devenu académicien, officier
de la Légion-d'Honneur, professeur, bibliothé-
caire, qui sait? peut-être pair de France; aujour-
d'hui, tu n'es plus bon qu'à servir d'enseignement
aux poètes à venir; fais imprimer ta pièce avec
une couverture de deuil, et dépose-la dans toutes
les bibliothèques, afin que les malheureux qui se-

raient tentés de suivre ton exemple puissent savoir un jour :

Comment en un chardon le laurier s'est changé.

PARIS. — IMPRIMÉ PAR E. BRIÈRE, RUE SAINTE-ANNE, 55.

PARIS. — IMPRIME PAR E. BRIERE, RUE SAINTE-ANNE, 55.